BIBLIA FOREX

BIBLIA FOREX

BIBLIA FOREX

 BIBLIA FOREX

BIBLIA FOREX

INDICE

BIBLIA FOREX

Capítulo 1: De qué se trata el mercado de valores

Capítulo 2: Tendencias bursátiles

Capítulo 3: Una Introducción al Forex

Capítulo 4: Cómo entender la conversión de divisas

Capítulo 5: Comprender las estadísticas

Capítulo 6: Volatilidad de la divisa y expectativas del mercado

Capítulo 7: Aspectos del comercio

Capítulo 8: Gestión de riesgos

Capítulo 9: Palabras de moda

Capítulo 10: Opciones de negociación para expertos

Capítulo 11: Otras Opciones de Negociación

Capítulo 12: En Revisión

Capítulo 13: Una opción final

 BIBLIA FOREX

Capítulo 1: De qué se trata el mercado de valores

En cualquier negocio o empresa lucrativa, la preparación y el conocimiento previo son las claves del éxito. Sin este tipo de conocimiento, el intento de tomar una decisión financiera rentable sólo puede terminar en desastre y fracaso, independientemente de su nivel de motivación y determinación o de la cantidad de dinero que planea invertir.

En el mercado de valores, esta regla se aplica al enésimo grado, ya que usted está invirtiendo su propio dinero en lo que podría considerarse una apuesta de alto riesgo, y está jugando con fuego si no tiene al menos un conocimiento general de cómo funciona. Dado que tener experiencia en cualquier área es útil para guiarle por un camino en esa región en particular, cuanto más sólida sea su base de conocimientos de inversión, más probable será que se beneficie de cualquier intento de operar en el mercado abierto.

En muchos sentidos, operar en la bolsa de valores puede compararse con conducir - no es necesario ser un experto para conducir un automóvil, aunque se espera que se tenga algún conocimiento previo sobre las leyes básicas de tránsito, incluyendo infracciones de tránsito, regulaciones de seguridad y otras infracciones vehiculares legales, que se aprenden ya sea a través de estudios y cursos específicos o incluso a través de alguna forma de exposición simple (como los años que has pasado montando con tus padres y otras personas que han conducido durante años).

Usted debe ser capaz de comprender las herramientas básicas utilizadas para navegar en un automóvil (donde se encuentra el pedal de freno frente al acelerador, y cómo usar el espejo retrovisor, por ejemplo), incluso si nunca ha tocado un volante.

Lo mismo ocurre al entrar en el mundo de la bolsa de valores. Aunque no es necesario que conozca toda la terminología (al principio no estará vendiendo en corto ni determinando sus propias posiciones largas y cortas, por lo que no tiene que entender completamente estas referencias, aunque debe estar al tanto de ellas), ciertamente debe estar versado en la funcionalidad básica de la negociación de acciones, bonos, valores y otros productos básicos. Y al igual que alguien que está al volante de un auto y que se prepara para tocar el pedal del acelerador por primera vez, usted debe comenzar con precaución y trabajar lentamente. Un conductor que conduce por primera vez colocará los espejos a su gusto, luego pondrá el automóvil en marcha, buscará si hay tráfico que interfiera y soltará el pedal del acelerador, nunca lo pisará y probará el motor al salir por la puerta en el primer intento. Del mismo modo, cuando usted selecciona su primera inversión, debe elegir algo estable con pocas fluctuaciones y no invertir una gran suma de dinero en esta primera empresa.

Cuando una persona está aprendiendo a conducir, estará acompañada por otra persona con más experiencia que le ayudará a tomar mejores decisiones de conducción y le ofrecerá correcciones que le ayudarán a aprender a manejar el coche de forma más eficiente. En el mercado de valores, hay corredores de bolsa y otros expertos que pueden proporcionarle información y asesoramiento para ayudarle a desarrollar su conocimiento de las materias primas en las que está interesado, esencialmente "guiándole" hacia mejores decisiones de compra y venta en el mercado de valores.

Usted podría pasar horas y horas investigando el mercado de valores y su funcionalidad, aprendiendo cómo involucrarse en el comercio y a quién contactar para entrar en el juego, especialmente si su interés está en el Mercado de Divisas, que va mucho más allá del nivel de complicación del mercado de valores nacional. Sin embargo, en este libro, usted encontrará toda la información básica que necesita para comenzar el camino hacia el éxito comercial. Todo el trabajo y la investigación se ha hecho por usted, recogiendo los datos y el conocimiento en una sola fuente de la que puede obtener suficiente información para hacer de usted un operador exitoso en el mercado abierto. Todo lo que tienes que hacer es leer para obtener conocimiento y sabiduría, pasó a paso que te llevará a un embriagador nivel de éxito. En este ebook, usted encontrará toda la información útil, todo reunido en una sola fuente para facilitar su consulta.

Cómo funciona la inversión

En cualquier momento que vaya a poner su dinero en un fondo, es una buena idea empezar por entender lo que está comprando. El mercado de valores es una entidad complicada, y hacer negocios mínimos en el comercio requiere una cantidad justa de conocimientos básicos, así como la comprensión y aceptación del factor de alto riesgo. Cuanto más sepa de antemano sobre la funcionalidad del sistema, menos probable es que se vea afectado, lo que terminará en una pérdida devastadora.

En primer lugar, y probablemente lo más importante en el negocio de la negociación, usted debe entender lo que son realmente las acciones. Cuando usted compra o vende una acción en el mercado abierto, debe tener en cuenta que está tratando con objetos reales, no con pedazos de papel; está comprando y vendiendo partes reales de una compañía en particular, su producto o algún otro producto básico.

Poseer una "acción" significa que usted ha comprado realmente la compañía o producto en cuestión y se ha convertido en propietario parcial de ese producto básico. Por supuesto, usted podría ser uno de los millones de accionistas, ya que la mayoría de las empresas y productos están divididos en pedazos diminutos del todo, pero todavía se le considera un inversor en esa empresa o producto hasta que usted vende sus acciones.

Piensa en ello como si estuvieras pagando por un tanque de gasolina en el auto que tus padres te compraron para que manejaras. Usted puede incluso haber comprado el filtro de aceite que se ha puesto en el coche, y usted puede sentir que esta inversión le hace copropietario. Sin embargo, si observamos el coste total del coche, realmente hemos contribuido muy poco a esa cantidad. Sin embargo, siempre y cuando usted continúe invirtiendo en la gasolina del automóvil y se encargue de las necesidades de mantenimiento, puede reclamar la propiedad parcial del automóvil.

Debido a que el valor de una empresa y sus productos o servicios pueden fluctuar continuamente, el valor de las acciones que usted posee no será el mismo día a día y a veces puede incluso cambiar cada hora. Cuando el precio por acción baja y se considera bajo, es un momento ideal para comprar. Esta es la manera menos costosa de comenzar su empresa comercial, y trabajar con un corredor de bolsa le permitirá obtener más información sobre qué acciones están maduras para la compra en un momento dado.

Al hacerlo, usted se convierte en accionista, y el valor de sus propiedades fluctuará día a día. Su apuesta (¡y esperanza!) es que el valor de la compañía o producto en el que ha invertido aumentará o rebotará del bajo precio al que hizo su compra. Este es el objetivo de todos los comerciantes y significa que sus acciones serán más valiosas.

A medida que el valor de sus valores aumenta, también lo hace su patrimonio neto. Cuando el precio de las acciones en su posesión alcanza un punto alto, es el momento de vender, obteniendo una ganancia sobre su inversión original. Idealmente, usted siempre venderá sus acciones por un precio razonablemente más alto que el monto de la compra y nunca deberá vender cuando el valor actual de las acciones esté por debajo de su precio de compra inicial. Es importante asegurarse de no sufrir una pérdida neta a propósito, ya que hay muchas ocasiones en las que puede verse forzado a sufrir una pérdida.

Por ejemplo, si usted compra acciones de una compañía a veinte dólares cada una, nunca debe venderlas por dieciocho dólares cada una. Si es posible, usted quiere esperar hasta que cada uno de ellos valga quizás cuarenta dólares, en esencia duplicando su dinero. Por supuesto, esto es sólo un ejemplo, y no todas las acciones duplicarán su valor, pero la ilustración es significativa.

Existen otras formas más complejas de invertir en el mercado de valores. Sin embargo, al igual que aprender a andar en bicicleta, no querrá hacer su primer intento sin ruedas de entrenamiento.

Tomando Decisiones En El Principio

Volvamos a la conducción como referencia.

Cuando usted comienza a manejar por primera vez, no entrará en la carretera y tomará el auto a velocidades de sesenta y setenta millas por hora. En su lugar, usted permanecerá en áreas residenciales o al menos en la carretera de acceso, donde hay menos presión para mantener una velocidad tan alta. En el mercado de valores, usted también querrá mantenerse alejado de cualquier acción costosa o inversiones extremadamente volátiles hasta que se sienta muy cómodo con el proceso de negociación.

Existen pequeñas oportunidades de inversión denominadas "acciones de un centavo", que le ayudarán a probar sus piernas de mar y a comprender cómo funciona el mercado de valores antes de invertir grandes sumas de dinero y arriesgarse a sufrir una gran pérdida financiera. Estas acciones en particular cuestan literalmente centavos o pequeñas cantidades en dólares y por lo general sólo fluctúan en fracciones de centavo en un día dado, lo que las hace extremadamente seguras para aquellos que recién comienzan.

Una vez que lo domine y pueda juzgar mejor las tendencias del mercado, podrá moverse cómodamente a las áreas más complicadas y aventureras del mercado. Es como quitar las ruedas de entrenamiento de su bicicleta o entrar en la autopista por primera vez a una hora del día cuando no hay tráfico con el que lidiar.

Tenga en cuenta que, al igual que usted puede caerse de su bicicleta una o dos veces y terminar con algunos rasguños y moretones, usted puede perder dinero en una inversión aquí y allá. Esto es muy típico, e invertir en el mercado de valores es muy parecido a apostar. En el póquer, no se puede esperar ganar todas las cartas, y lo mismo ocurre en el mundo de las inversiones. Aprender a observar las tendencias del mercado, sin embargo, es similar a observar otros coches a medida que se une al tráfico y determinar la velocidad correcta y la proximidad a otros coches para una seguridad óptima. Este estudio diligente puede ayudarle a mejorar sus estadísticas drásticamente en poco tiempo.

Capítulo 2: Tendencias bursátiles

Entender las tendencias del mercado de valores puede hacer que su trabajo de ganar dinero en el mercado sea mucho más simple. Por el contrario, si usted sabe poco o nada acerca de estas tendencias puede causar graves pérdidas.

Toros y Osos

A medida que profundiza en el mercado y aprende más sobre su funcionamiento, comenzará a escuchar ciertos términos sobre las tendencias de marketing que parecen repetirse una y otra vez. Las tendencias del mercado son variables y volátiles, tanto a diario como durante largos períodos de tiempo. En el pasado, por ejemplo, los Estados Unidos han tenido devastadores derrumbes bursátiles, pero debido a la libertad de una sociedad capitalista, la economía estadounidense siempre ha repuntado.

¿Qué significa para el mercado o para una acción en particular recuperarse? Suponiendo que el valor de una empresa o de sus acciones se haya desplomado a un nivel que parece irrecuperable, dejándola prácticamente sin valor, puede sentirse como si esa empresa estuviera en peligro de quiebra y cayera del todo fuera del alcance de los mercados de libre comercio. Sin embargo, de repente, el fundador de esa empresa puede introducir un nuevo producto por el que los consumidores se vuelven locos. Todo el mundo quiere uno, y este producto puede escasear en el momento de su introducción, provocando una carrera hacia los estantes de los grandes almacenes.

Cuando esto ocurra, la ley de la oferta y la demanda tomará el relevo, haciendo que la empresa vuelva a ser valiosa. El precio de las acciones de esa compañía se recuperará, y la ganancia de valor resultante se consideraría un rebote - un retorno al estado original (o mejor) antes de la pérdida devastadora.

Las tendencias del mercado suben o bajan, y hay referencias específicas a fuertes cambios en los valores del mercado que usted puede escuchar con frecuencia. Si varias áreas diferentes del mercado se encuentran en una fuerte caída, con valores que caen rápidamente (tal vez incluso el diez o el veinte por ciento en unos pocos días), se denomina mercado bajista. Usted puede recordar esta referencia como si estuviera en la posición extremadamente peligrosa de ser perseguido por un oso - si usted está en posesión de varias acciones u otras mercancías que valen una buena suma, tiene una seria posibilidad de perder una gran cantidad de valor que podría traducirse en una pérdida de valor neto si decide vender, y puede ser una situación similar, muy peligrosa.

Su mejor apuesta en estos casos es vender antes de que los precios caigan por debajo de su precio de compra original o mantener las acciones hasta que el mercado rebote. Sin embargo, cuando el mercado bajista alcanza un punto bajo, puede ser un momento ideal para entrar en el juego, ya que es raro que los precios caigan por debajo de este punto.

Entonces, si usted espera pacientemente la recuperación o el rebote del mercado, usted puede hacer una gran cantidad de dinero de un mercado bajista. Estas opciones se discutirán más a fondo en capítulos posteriores.

Al mismo tiempo, un mercado alcista es una fuerte tendencia general al alza para muchas acciones. Se puede comparar con el encierro de los toros en Pamplona, España, todos los años. Usted está más seguro si está dentro de casa cuando ocurre la carrera, y por la misma razón, si tiene acciones durante un mercado alcista, usted está en una posición privilegiada para aumentar su valor neto y vender sus acciones, ganando una gran cantidad de dinero. Esta es otra idea que será explorada en mayor detalle más adelante en este ebook.

 BIBLIA FOREX

Perspectivas del mercado

Al tomar nota de varios cambios en el estado de las diferentes opciones de acciones disponibles, aprenderá a detectar las primeras tendencias del mercado, lo que le dará una pista sobre el futuro de un producto básico en particular, y esto sólo puede aumentar sus posibilidades de rentabilidad. La predicción es una parte importante del juego cuando se trabaja en el mercado de valores, ya que nunca se puede estar completamente seguro de en qué dirección se moverá el mercado en un momento dado.

Sin embargo, usted puede hacer una conjetura educada, de la misma manera que un meteorólogo pronostica el tiempo.

Mientras que él o ella no tiene razón el 100% del tiempo, el pronóstico es generalmente bastante cercano al resultado real del tiempo porque el meteorólogo es un científico que ha estudiado las tendencias del tiempo y puede escoger los detalles que ayudan a hacer esa conjetura educada. Con un poco de tiempo y experiencia, se puede alcanzar el mismo nivel de experiencia e intuición dentro del mercado de valores.

Una vez que usted se sienta más cómodo funcionando en el mismo mundo que los corredores de bolsa y los operadores diurnos, y se sienta seguro (o al menos nervioso o incómodo) de tomar decisiones financieras tan importantes, es posible que decida avanzar hacia el Mercado de Divisas (más comúnmente conocido como Forex), y el objetivo de este libro es prepararlo para operar dentro de los límites de esta entidad más compleja. A continuación, discutiremos algunas de las propiedades de Forex y cuán compleja puede ser esta entidad bursátil en comparación con un mercado nacional estándar.

El Mercado de Divisas es increíblemente volátil, y hay muchos más factores a considerar cuando se realiza una orden en este mercado que en un mercado nacional. El siguiente capítulo es una introducción al excitante y un tanto aterrador mundo del Mercado de Divisas, o Forex.

Capítulo 3: Una Introducción al Forex

Forex es el apodo para el mercado de divisas. En los Estados Unidos, existen varias ramas del mercado de valores, cada una con su propio nombre. Por ejemplo, algunas acciones cotizan en el Dow Jones, otras en el Nasdaq. Por supuesto, todas las transacciones bursátiles en los Estados Unidos tienen lugar en la Bolsa de Valores de Nueva York (NYSE). En otros países ocurre lo mismo. Puede haber uno o más mercados distintos.

Sin embargo, el comercio internacional tiene lugar en el mercado denominado Mercado de Divisas, o Forex. Varios países de todo el mundo en casi todas las zonas horarias participan en el comercio en Forex, con múltiples monedas que se utilizan y acciones y productos básicos de todos los países participantes que se ofrecen para el comercio. Debido a que hay tantas naciones y zonas horarias involucradas, Forex no funciona como una entidad de "día laborable" como la mayoría de los mercados de valores nacionales. Permanece abierto al comercio las 24 horas del día, 5 días a la semana.

Por supuesto, estas horas adicionales aumentan el factor de riesgo intensamente para aquellos de nosotros que somos humanos y obviamente no podemos monitorear nuestras inversiones las 24 horas del día. Esto significa que el valor de sus propiedades podría caer en picado de la noche a la mañana, mientras usted duerme, porque otros países todavía están operando mientras usted está en un mundo de ensueño. Una vez más, es como un coche - hay muchas piezas en movimiento bajo el capó, y el hecho de que no se puedan ver no significa que no funcionen.

Esta es una de las razones por las que existen varias opciones de seguridad, como las órdenes de límite, que discutiremos más adelante. Esta es también la razón por la que se recomienda encarecidamente que sus primeros intentos de ganar dinero en el mercado de valores no sean transacciones que tengan lugar en el mercado de divisas, sino en un mercado de comercio nacional estándar de nueve a cinco. En nuestra analogía de coche, esto sería comparable a haber pedido a alguien que nunca ha conducido o incluso cambiado el aceite de un coche que reconstruya el motor.

Funcionalidad Forex

Si bien la funcionalidad de Forex es la misma que la de una bolsa de valores nacional, las materias primas y los precios son más volátiles, y hay factores adicionales a tener en cuenta además de los riesgos típicos asociados con un mercado nacional. Usted tendrá que lidiar no sólo con el valor de sus acciones y su moneda, sino también con las monedas extranjeras involucradas en cualquier comercio o cambio en Forex, así como con las inconsistencias de valores de bienes y servicios particulares a través de las fronteras internacionales. Es como conducir un coche con una transmisión estándar en lugar de una automática. En el frente doméstico, el trabajo se hace principalmente para usted, y todo lo que tiene que hacer es navegar, como una transmisión automática. Sin embargo, cambiar de marcha es muy similar a tener que participar constantemente en la conversión de moneda. Puede distraer, y ciertamente complica el acto de conducir.

Debido a que la situación financiera de muchos países no es tan segura como la de los Estados Unidos, esto puede plantear un problema formidable para determinar dónde invertir su dinero y qué esperar en el mercado internacional. Saber qué países y monedas están involucrados en Forex puede ayudarle al permitirle monitorear más de cerca la situación financiera en las naciones con las que usted interactuará.

La historia de Forex

Cuando comenzó el comercio exterior, no era un mercado de comercio internacional. Esto se desprende del acuerdo de Bretton Woods de 1944, en el que se establecía que las monedas extranjeras se fijarían con respecto al dólar, que estaba valorado en 35 dólares por onza de oro. Este precedente se puso en práctica por primera vez en 1967, cuando un banco de Chicago se negó a financiar un préstamo a un profesor en libras esterlinas. Por supuesto, su intención era vender la divisa, que a su juicio tenía un precio demasiado alto frente al dólar, y luego volver a comprarla cuando el valor hubiera bajado, obteniendo un rápido beneficio.

Después de 1971, cuando el dólar ya no era convertible en oro y el mercado interno era más fuerte, el acuerdo de Bretton Woods fue abandonado, y el proceso de conversión de divisas se hizo más variable. Esto permitió un mayor respaldo en los mercados extranjeros, y Estados Unidos y Europa iniciaron una fuerte relación comercial. En la década de 1980, el horario y el uso del mercado se amplió mediante el uso de computadoras y tecnología para incluir también las zonas horarias asiáticas. En ese momento, las divisas ascendían a unos 70.000 millones de dólares diarios. Hoy, unos veinte años después, el nivel de comercio se ha disparado, con un comercio que equivale a cerca de 1,5 billones de dólares diarios.

Originalmente, el comercio a través de las líneas internacionales era más difícil, con varias monedas diferentes involucradas en toda Europa. Aunque los principales actores del mercado europeo estaban profundamente involucrados y eran veteranos del comercio internacional en el momento en que otros mercados se unieron, había más divisas de las que seguir la pista -el franco, la libra, la lira y muchas más- de lo que era razonable. Con el nacimiento de la Unión Europea en 1992, se pusieron en marcha las bases para crear una moneda única que se utilizaría en la mayor parte de Europa, y el euro finalmente se estableció y puso en circulación en 1999.

Forex Hoy

Aunque algunos países todavía no han aceptado la moneda como propia (como Gran Bretaña, que todavía utiliza la libra esterlina), el proceso de conversión de moneda se ha simplificado sin el gran número de varias monedas que se trataban anteriormente. En lugar de docenas de monedas, los principales países comercian en cinco: dólares estadounidenses, dólares australianos, libras esterlinas, el euro y el yen japonés.

Hoy en día, el mercado de divisas es internacional y mundial. El mercado está abierto las 24 horas del día, 5 días a la semana, para dar cabida a todas las zonas horarias de los principales actores. Estos incluyen ahora la mayor parte de Europa, los Estados Unidos y los mercados asiáticos, especialmente Japón. Incluso Australia se ha unido a los mercados de comercio internacional, y puesto que tales naciones están al otro lado del mundo de algunos de los otros jugadores principales, las zonas horarias obviamente deben ser tomadas en consideración.

Otra preocupación completamente separada pero quizás más importante con el comercio en Forex es entender cómo funciona el comercio en múltiples divisas. ¿Cómo se puede comparar el valor de una acción a través de líneas internacionales si los valores se expresan en dos monedas separadas y no equivalentes? ¿Y cómo se miden las ganancias y pérdidas cuando la tasa de conversión cambia constantemente?

Capítulo 4: Cómo entender la conversión de divisas

Cuando usted comienza a operar en Forex, tiene que aprender a convertir divisas y notar la diferencia de valores, así como la forma en que se intercambian las divisas entre líneas internacionales. Esto significa estudiar no sólo las tendencias del mercado interno y los valores de las divisas, sino también las de los mercados extranjeros.

Trabajar con varias monedas

Dado que Forex es el Mercado de Divisas, obviamente no se puede esperar que todo el mundo en el mercado opere en dólares estadounidenses (y por qué no, se preguntará, pero recuerde que no todo el mundo codicia el dólar estadounidense). Con tantas variables y divisas volátiles que se están intercambiando, ¿cómo se puede saber una buena compra o venta cuando se ve una sin conocer completamente el valor de la moneda extranjera?

El primer paso es encontrar una fuente que le dé una idea básica del tipo de cambio actual entre su moneda nacional y la moneda extranjera en cuestión. Usted debe hacer esto como un listado base para cualquier moneda con la que pueda estar involucrado. Por supuesto, esto no será consistente hasta el centavo o fracción de una divisa en particular a lo largo de todo un día hábil, pero al menos tendrá su punto de partida desde el cual comenzar, casi como el Norte en una brújula. Estas fuentes se pueden encontrar en todo el

Internet, así como a través de muchos corredores, tanto en línea como en persona.

Expresión de divisas

También es bueno entender los medios por los que se expresa la conversión de moneda. La comparación se hace generalmente en una proporción conocida como la tasa cruzada. En esta configuración, las dos monedas se listan en un ratio XXX/AAAA, con la posición XXX denominada moneda base. La moneda base se expresa generalmente como un número entero, mientras que la posición YYY se expresa como el decimal que más se aproxima al tipo de cambio de la moneda base. Es como hacer referencia a millas por galón o rotaciones por minuto en un coche - una comparación directa de uno a otro en forma de relación.

La fracción más pequeña, o decimal, en la que se puede operar con una moneda, se denomina pip y éste es generalmente el grado en el que se expresa una tasa cruzada. Por ejemplo, si la libra esterlina británica puede negociarse en milésimas, la moneda se expresará con el tercer decimal. El dólar de los EE.UU. se expresa a menudo a la centésima parte de un centavo (la cuarta cifra decimal).

En un ejemplo de expresión de tasas cruzadas, un dólar estadounidense puede equivaler a 117,456 yenes japoneses. Esta relación se expresaría como 1.000/117.456. La moneda base casi siempre se expresa como una sola unidad (como en un dólar frente a diez dólares), y con frecuencia esa unidad de medida es el dólar estadounidense. Puesto que el valor entero del número (o la cifra grande, como se denomina) de la moneda secundaria, o la moneda en la posición YYY en términos de conversión cambia con tan poca frecuencia, a menudo sólo se menciona la parte decimal del número en el mercado de divisas.

Por lo tanto, en la proporción anterior, es posible que oiga que el yen cotiza a 0,456, sin mencionar en absoluto el total de 117 yenes que se muestran en la proporción. Esto se debe a que el tipo de cambio puede variar de 117,456 a 117,423, pero no a 119,024. Experimentar un cambio en la cifra grande - el número entero por delante del decimal - a menos que sea sólo porque el número ya estaba dentro de unas pocas milésimas, representaría un cambio demasiado grande en el valor para un solo período de comercio y sería una ocurrencia rara que podría causar que todo el mercado haga un cambio drástico en una dirección u otra.

Las divisas más comunes que se encuentran en Forex son el dólar estadounidense, la libra esterlina, el euro, el yen japonés y el dólar australiano. En el pasado, habría habido muchas más monedas de las que seguir la pista (como el franco, la lira o el marco alemán). Sin embargo, con la consolidación de la mayor parte del mercado europeo que opera en Forex hacia el Euro, muchas divisas han sido eliminadas, haciendo que el comercio en Forex para otras tierras sea menos complicado.

Si usted compra un producto básico en una divisa en particular, y el valor de esa divisa cae frente al dólar de EE.UU., en realidad puede ganar dinero vendiendo ese mismo producto básico en dólares. Lo mismo ocurre a la inversa en caso de que el valor de una moneda extranjera aumente frente al dólar estadounidense. Por supuesto, usted sólo puede tomar ventaja de tal situación si la materia prima se negocia en ambas monedas y en ambos mercados en cuestión. Discutiremos este proceso, así como otras formas de aprovechar el Mercado de Divisas (como el arbitraje) en más profundidad en capítulos futuros.

Una vez que sea capaz de discernir un valor base de cada divisa en particular y su tipo de conversión frente a otras divisas negociadas en Forex, podrá supervisar más de cerca el cambio en la conversión de divisas, incluyendo su inconsistencia y volatilidad. Tales ideas no parecerán tan "extrañas", y usted estará al tanto y bien informado junto con los profesionales. Luego, tendrá que aprender a leer, comprender y, en última instancia, interpretar las tendencias adicionales del mercado.

Tendencia Forex

Seguir los gráficos, escuchar los consejos de los analistas de mercado y de los grafistas, y aprender a hacer predicciones con conocimiento de causa le ayudará a mantener un seguimiento de las diversas tendencias de marketing. En el próximo capítulo se explicará más sobre el uso de las estadísticas que se publican para predecir el próximo movimiento en el mercado de valores. ¿Será un día claro, tranquilo y con poca actividad, o se avecina una tormenta con vientos de cambio e incertidumbre? ¿Cómo puede saber lo que sucederá con sus propiedades al día siguiente o incluso más adelante?

Simplemente aprender a leer las tendencias del mercado puede eliminar una gran cantidad de aprensión natural y la incertidumbre para los operadores principiantes. De hecho, a veces el mejor primer paso para entrar en el mercado es ver programas sobre él o leer las secciones financieras del periódico que detallan las tendencias y los resultados esperados. En el siguiente capítulo se explicará más sobre cómo interpretar las estadísticas y las tendencias básicas.

Capítulo 5: Comprender las estadísticas

Ahora se ha familiarizado con el funcionamiento del mercado de valores y comprende hasta cierto punto lo que implica la negociación en el mercado de divisas. Ahora, le gustaría saber cómo medir las tendencias del mercado para poder beneficiarse de sus negocios en el mercado abierto. Ya no estamos hablando de acciones de un centavo ni de juegos en el patio de recreo. Quieres los bienes de verdad.

El nombre del juego son las estadísticas, y la primera regla es que usted debe ser consciente de que no hay tal cosa como una cosa segura en el mercado de valores.

Aunque nunca se puede estar 100% seguro en un momento dado del próximo movimiento que se hará en el mercado en su conjunto, ser capaz de leer las estadísticas e interpretarlas lo colocará por delante del grupo en lo que respecta a "adivinar" lo que sucederá a continuación.

Invertir es muy parecido a apostar. Si puedes llevar un registro de las cartas que ya se han jugado, estás más informado, estadísticamente, sobre lo que es probable que se trate a continuación, lo que significa que puedes instigar con mayor perspicacia que alguien que no tiene ni idea de lo que ya se ha jugado. Con el mercado abierto, si usted tiene información sobre lo que ya ha ocurrido en los últimos días, meses o incluso años, se encuentra de nuevo en una mejor posición para concluir más lógicamente lo que sucederá a continuación. Usted simplemente aprende el patrón y lo sigue hasta el final, cosechando las recompensas financieras.

Gráficos y gráficos

Espera, ¿pensaste que ibas a tener que investigar y trazar el pasado del mercado tú solo? Por supuesto que no! Hay gente a la que se le paga por hacer ese tipo de trabajo. Ellos monitorean el mercado por hora, día, semana, mes y año para que puedan proveer a los grandes operadores con el mismo conocimiento mencionado anteriormente. Cuanto más sepa una compañía de inversiones sobre el mercado, más dinero pueden ganar. Lo mismo ocurre con los corredores de bolsa. Ellos ganan dinero cuando usted gana dinero, y quieren hacer lo mejor que pueden para asegurarse de que usted tome decisiones inteligentes.

La mejor parte de esto es que usted tiene acceso a la misma información que estos clientes VIP. Los chartistas, que son esencialmente analistas de mercado que publican sus hallazgos en gráficos fáciles de leer, producen lo que se conoce como un gráfico de velas. Estos cuadros son básicamente una combinación de un gráfico lineal y un gráfico de barras que muestran la tendencia de varias acciones, índices u otros intereses durante un período de tiempo específico. Por lo tanto, usted puede determinar fácilmente si la materia prima está en una tendencia alcista o si está tomando una recesión, cuándo ocurrió el último cambio importante, y por cuánto tiempo se predice que la acción o el bono continuarán en la trayectoria actual.

En realidad, se puede encontrar información sobre la mayoría de los productos básicos y sus tendencias de mercado durante años en el pasado, y algunos incluso desde su introducción en el mercado abierto. El uso de esta información puede ayudarle a decidir si es una buena idea comprar o vender las acciones o los valores en los que tiene interés, o si es mejor esperar un pico en la tendencia del mercado.

Comprender las tendencias del mercado

Es comprensible que, a medida que las economías varían, el valor de los distintos productos básicos pueda cambiar. Esto se debe a que, cuando una economía es fuerte y floreciente, una nación es más rica y tiene más poder adquisitivo. Junto con ese poder viene un valor más alto para los artículos comprados. En otras palabras, si la gente tiene más dinero para gastar y está gastando una mayor cantidad de ese dinero en las tiendas Walmart, el valor de las acciones en Walmart se va a multiplicar a un ritmo considerable. Por lo tanto, los accionistas se vuelven más ricos en términos de activos, simplemente porque los compradores están impulsando el mercado con su poder adquisitivo. Cuando los accionistas son ricos, y el valor de sus propiedades aumenta, continúan comprando acciones, lo cual, una vez más, impulsa la economía. Una fuerte tendencia alcista en el mercado de valores es una excelente señal para cualquier economía.

Sin embargo, también hay cosas que afectan al mercado de forma negativa, haciendo que el valor de las acciones caiga en picado. Por ejemplo, la guerra rara vez tiene un efecto positivo en el mercado de valores. El 11 de septiembre de 2001, cuando los terroristas atacaron el World Trade Center en la ciudad de Nueva York, la economía de los Estados Unidos se hundió enormemente y la nación se vio amenazada por una depresión. Algunos analistas estaban seguros de que nunca se recuperaría adecuadamente. Lo mismo sucede típicamente cada vez que hay un ataque o acto de guerra dentro de una nación. Sin embargo, los críticos demostraron estar equivocados, y los Estados Unidos procedieron a repuntar, o recuperarse de una mala tendencia a la baja, de una manera fuerte. Esta rápida recuperación se debió principalmente a que el pueblo de Estados Unidos continuó presionando y gastando, obligando a que el dinero y la riqueza volvieran a la economía. Al observar la reacción del mercado de valores, usted puede aprender a leer las tendencias basadas en los acontecimientos mundiales.

Los precios del petróleo también afectan comúnmente al mercado de valores. Especialmente en el mercado de divisas, usted encontrará que las tendencias varían dependiendo de muchos eventos actuales. También notará que, con el tiempo, el valor principal (o valor nominal) de una moneda puede ser revisado a propósito por una nación en términos de conversión de moneda. Esto se conoce como devaluación, que será discutida en mayor detalle en el siguiente capítulo.

Capítulo 6: Volatilidad de la divisa y expectativas del mercado

La volatilidad, o la tendencia a la fluctuación que puede afectar sus ganancias dentro del mercado de valores, es típica dentro de un mercado nacional, pero aún más evidente y mucho más fuerte en el mercado de divisas. ¿Qué factores afectan el valor de la divisa en Forex, y hay alguna manera de controlar esto?

Devaluación y revaluación

Como se mencionó en el capítulo anterior, la

devaluación se refiere a la disminución intencional del valor de una moneda en relación con otras monedas, según lo cobrado por una entidad gubernamental. Por ejemplo, si el dólar estadounidense vale diez unidades de una moneda extranjera que luego se devalúa en un diez por ciento, el dólar estadounidense ahora equivale a sólo nueve unidades de la moneda extranjera. Esto hace que cualquier artículo comprado en la moneda extranjera sea más caro para aquellos que comercian en dólares estadounidenses, ya que la tasa de cambio es más baja. También hace que los artículos en el país extranjero sean menos caros para comerciar en dólares estadounidenses.

También puede ocurrir un cambio de valor opuesto, aumentando el valor de la moneda extranjera. Esto se denomina revalorización. Si bien puede parecer que el ajuste intencional del valor de la moneda de una nación es "engañar", o tomar una ventaja injusta haciendo que los productos extranjeros sean más baratos de comprar y aumentando el valor de las exportaciones, existen regulaciones para evitar la manipulación de los tipos de cambio para tales fines. La carta del FMI (Fondo Monetario Internacional) ayuda a prohibir tales acontecimientos y a hacer cumplir la política.

Hay formas de aprovechar la devaluación y la revaluación, que se discutirán más adelante. Sin embargo, ¿qué sucede cuando el valor de una moneda extranjera cambia debido a las fluctuaciones del mercado en lugar de reducciones o aumentos intencionados por parte de un gobierno federal o de un banco federal? ¿Qué efecto tienen la apreciación y la depreciación en el mercado de valores?

Apreciación y Depreciación

La depreciación puede ser fácilmente relacionada con la vida de un automóvil. Tan pronto como usted conduce un coche nuevo fuera del lote, el valor se reduce casi a la mitad. Esto es una depreciación extrema. Sin embargo, en los próximos años, el coche sigue perdiendo valor a un ritmo más gradual. Esto también se considera depreciación.

La apreciación y depreciación de la moneda son cambios en el valor de la moneda que son impulsados por las fuerzas del mercado y no por mandato del gobierno. Por ejemplo, en un intento de reembolsar ciertos préstamos, en 1998 el Banco Central de Rusia anunció la próxima devaluación del rublo. El tipo de cambio, que actualmente es de seis rublos por dólar estadounidense, cambiaría durante un período de tiempo a 9,5 rublos por dólar, lo que supone una depreciación del 34%.

Sin embargo, antes del cambio, había un pánico generalizado en la antigua nación comunista, y el valor del rublo cayó debido a que mucha gente en Rusia optó por comerciar con sus valores antes de la madurez. En un solo día, tras el anuncio, el rublo ruso se depreció en un sorprendente 25%.

El mismo tipo de crisis ocurrió en la década de 1920 con la caída del mercado de valores estadounidense. En ese momento, entró en pánico en todo el país y la gente corrió a los bancos para retirar dinero en efectivo que no estaba disponible o para comerciar con valores y opciones de acciones que no habían vencido. Al correr hacia el banco, la gente causó el accidente en lugar de escapar.

En la otra cara de la moneda, una apreciación demasiado rápida crea un país para la inflación, o un aumento en el valor al por menor de los productos vendidos al público sobre la base de la valoración de la moneda. Si bien es cierto que la inflación se producirá, se puede suavizar mínimamente mediante el uso de la valoración de moneda.

La apreciación también puede estar relacionada con un vehículo. A menudo, los hombres disfrutan tomando autos viejos y restaurándolos a su belleza original. Al hacerlo, aumentan drásticamente el valor del vehículo o lo aprecian.

Los tipos de cambio siempre cambiantes de la conversión de divisas y la volatilidad del mercado crean un riesgo de mercado inherente, o un potencial día a día para experimentar pérdidas debido a la fluctuación de los precios de los valores. No hay forma de diversificar este tipo de riesgo, ya que siempre va a afectar a la inversión hasta cierto punto. Sin embargo, algunos riesgos pueden ser compensados por tipos particulares de inversiones o formas de inversión que son más seguras o protegidas.

Echaremos un vistazo a las posiciones largas y cortas, las ventas en corto, las órdenes de stop y otras formas de proteger sus inversiones de pérdidas drásticas en capítulos adicionales. Estas opciones incluyen la posibilidad de preestablecer el precio de compra o venta de un producto básico específico, así como el uso de varios niveles de predeterminación de pedidos para realizar pedidos y transacciones completas.

Por supuesto, no se engañe pensando que puede deshacerse de todos los posibles factores de riesgo en el mercado. Siempre hay una nube colgando sobre tu cabeza esperando a estallar, y todo lo que hace falta es un pequeño pinchazo. Siempre hay que tener cuidado, aunque la idea de jugar en la bolsa de valores implica peligro y excitación inherentes. El siguiente capítulo le ayudará a comprender la realidad y lo que implica equilibrar su factor de riesgo con una base en la realidad; su ego con su identidad.

Capítulo 7: Aspectos del comercio

Usted está ahora versado en la funcionalidad del mercado de valores y ha decidido que está dispuesto a aceptar los factores de riesgo involucrados. Sin embargo, usted quiere saber todo lo que pueda sobre cómo equilibrar ese riesgo con opciones de inversión inteligentes. ¿Cómo puede estar seguro de que los riesgos que asume tienen más probabilidades de ser gratificantes a largo plazo que destructivos?

Largo y Corto

Una de las partes más importantes de hacer

dinero en el mercado de valores es determinar su posición. La posición larga es básicamente la posición de compra - usted está a punto de asumir un compromiso a largo plazo para la propiedad de algunas acciones, valores u otros productos básicos comercializados. La posición corta, por el contrario, es la posición de venta - usted va a disponer en breve del mismo tipo de propiedad y de cualquier responsabilidad hacia ella.

El mejor momento para tomar la posición larga es cuando los precios de las acciones están bajos. Esto le permitirá entrar en el mercado a un precio razonable y aumentará sus posibilidades de rentabilidad a medida que suban los precios de las nuevas ofertas y las opciones de inversión más antiguas se recuperen o reboten. De hecho, a medida que otros toman la posición larga y compran al mismo tiempo que usted, esto hará que el valor de los valores suba a través de la regla estándar de la oferta y la demanda, causando el comienzo de lo que podría ser un mercado alcista.

Usted puede equiparar esto con el fin de mes en un concesionario de automóviles. Los precios tienden a caer en cualquier coche que quede en el lote para la venta, y el concesionario está más a menudo dispuesto a negociar porque él o ella quieren menos inventario en el lote. Del mismo modo, cuando los precios de las acciones están bajos, algunos se asustan y abandonan todas sus propiedades a estos precios bajos, pensando que sus acciones nunca recuperarán su valor. Esto sólo puede ser de ayuda para usted.

Cuando los precios son altos, es probable que sea el momento de dar la vuelta y vender sus acciones para obtener ganancias, sin perder nada por ganancias no realizadas (ganancias que no pueden ser contadas en activos líquidos o en efectivo porque todavía están invertidas en una opción de acciones volátil). Nunca debe vender por un precio que esté por debajo de su costo, ya que esto trae como consecuencia un patrimonio neto negativo y una pérdida de fondos. Usted siempre debe vender por la mayor cantidad de ganancias que usted sienta que es seguro.

En otras palabras, si usted compra un valor a quince dólares por acción, y rápidamente sube a veinticinco dólares por acción, es muy posible que sienta que podría llegar a treinta dólares por acción en una semana. Sin embargo, usted debe determinar si está dispuesto a arriesgarse a perder sus

ganancias ya aseguradas de diez dólares por acción para esperar tanto tiempo, en caso de que el precio caiga realmente, por lo que puede decidir vender al alto precio actual.

Los creadores de mercado y la venta de cortocircuitos

¿Qué pasa si el valor de las acciones sube increíblemente alto, pero usted no se metió en ese producto en particular y no posee acciones? Su primer paso debe ser visitar a un creador de mercado o hacer un trato con un corredor para una venta corta. Un creador de mercado es literalmente un corredor de bolsa que compra mantiene una cierta cantidad de acciones de varios valores o acciones a la mano, que se compran durante un momento en que los tipos de mercado son bajos.

La empresa entonces dará la vuelta y venderá esas acciones a un individuo a ese bajo precio, independientemente de la tasa de mercado, haciendo de hecho su propio mercado (de ahí el nombre). La persona que compra a la empresa puede vender inmediatamente los productos básicos en el mercado abierto a un tipo de interés más alto, lo que le permite obtener una increíble cantidad de beneficios en un corto período de tiempo.

Una venta corta es otra opción para una ganancia rápida. En este escenario, se pedirá prestado un número determinado de acciones a un corredor de bolsa para venderlas cuando el valor de mercado sea alto. Su trabajo consiste en esperar a que el precio de las acciones baje, comprar la misma cantidad de acciones y devolver las existencias al corredor, quedándose con las ganancias de la venta, menos los honorarios del corredor.

La forma en que un concesionario de automóviles trabaja con los canjes es muy similar. Ellos le comprarán el auto a un precio muy bajo, luego se darán vuelta y lo venderán en el lote por un alto margen de ganancia.

Uno de los aspectos más positivos de una venta al descubierto es que usted nunca toma posesión de las acciones, lo que significa que nunca está en posición de perder dinero. Como ha vendido acciones a un precio alto, ya se ha beneficiado, y en el peor de los casos, las acciones en particular no bajarán de precio. En lugar de devolver las acciones al corredor al que se las pidió prestadas, usted puede simplemente devolver la cantidad por la cual fueron compradas originalmente, junto con la prima.

¿Cómo puede estar seguro de que no se excederá en las mejores opciones de precio o perderá una buena tarifa porque no está disponible para colocar una orden de compra o de venta con su corredor? ¿Existe alguna forma de poner límites a sus operaciones? A continuación, analizaremos las formas de proteger sus inversiones y limitar sus factores de riesgo.

Capítulo 8: Gestión de riesgos

Uno de los aspectos más importantes de la protección de sus inversiones es equilibrar sus riesgos con garantías. Hay varias maneras de hacer esto, y las discutiremos en este capítulo.

Órdenes de Límite y Equilibrio de Riesgos

Una orden limitada es una cantidad permanente por la cual usted ha acordado comprar o vender un valor en particular u otro producto básico. Por ejemplo, usted ha designado a su corredor de bolsa que no venderá X Security hasta que su valor alcance un valor mínimo de Y dólares. Al mismo tiempo, usted no comprará el mismo valor de X Security si excede un valor de Z. Establecer límites para el precio que usted paga por un valor en particular, así como el precio que usted aceptará para venderlo, lo protege a usted y a su inversión de varias maneras.

En primer lugar, usted está maximizando sus ganancias, pero sobre todo, usted está evitando la pérdida. Cualquier pérdida que ocurra con las órdenes a precio limitado siempre será una pérdida no realizada, o una pérdida que no se puede medir en activos líquidos o efectivo. En otras palabras, hasta que usted no venda las acciones y coseche la pérdida neta, esto no afectará su patrimonio neto. Puesto que usted ha establecido un límite que no permite que sus productos básicos se vendan por menos del costo original, no es posible que tenga una pérdida en su patrimonio neto. Al mismo tiempo, usted también está asegurando por lo menos una cierta cantidad de ganancias al establecer su punto de venta lo suficientemente alto como para cosechar esa ganancia en particular.

Otra forma de proteger sus activos es la cobertura. Esto significa que usted crea y vende un contrato de futuros que establece que, cuando sus acciones alcancen un cierto valor en el futuro, usted venderá sus acciones a este precio predeterminado. Cuando se alcance ese precio, se procesará el pedido y se completará la transacción. Por supuesto, si alguna vez cambia de opinión sobre un límite que ha establecido, puede colocar una orden de stop con su corredor, que designa que ya no desea operar con la cantidad especificada en dólares.

También puede comprar con margen. Esto es muy similar a la venta en corto, pero en lugar de pedir prestado acciones para venderlas, usted está esencialmente pidiendo dinero prestado para comprar acciones por su cuenta cuando el valor del mercado está en baja. Luego, cuando el valor de los valores que usted ha comprado aumenta y usted puede vender por una ganancia, usted paga el préstamo y se queda con el exceso de la venta, menos los honorarios del corredor. Por supuesto, todos los tratos con un corredor de bolsa incurren en una prima o comisión por los servicios prestados, y es casi imposible operar sin un servicio de corredor de bolsa o corredor de bolsa. Sin embargo, los servicios en línea son a menudo menos costosos que los agentes en vivo, pero usted puede investigar para determinar cuál es su mejor opción.

 BIBLIA FOREX

¿Cómo manejo una sierra de martillo?

No, no nos referimos a nada en el garaje, el dormitorio o una banda de música country. Una sierra de martillo es una tendencia del mercado que desafía las probabilidades. Se puede pensar que es el "choque de choque". A pesar de lo cuidadoso que eres cuando aprendes a conducir un auto y a coordinarte, a veces no puedes hacer nada para evitar que te choquen por detrás.

Whipsaw es un término para lo que sucede cuando todo apunta hacia una dirección específica en la tendencia del mercado, causando que usted compre (si parece que los precios van a subir) o venda (si parece que están a punto de caer), entonces ocurre el efecto opuesto.

Por ejemplo, si usted compra un valor a cinco dólares por acción porque la acción parece haber caído hasta dónde puede llegar y parece estar comenzando una tendencia al alza, entonces, inesperadamente, la acción cae en picado a un dólar por acción, esto se considera un efecto de sierra de martillo. Si esto le sucede a usted, como seguramente lo hará si juega en el mercado el tiempo suficiente, lo mejor que puede hacer es esperar. La acción hará una de dos cosas - o se disuelve por completo, y la empresa se declarará en bancarrota (esto es lo que usted no quiere que suceda), o se recuperará, y usted puede optar por esperar la oportunidad de obtener una ganancia o puede salir tan pronto como se alcance la tasa de compra.

Las sierras de martillo no son el fin del mundo, y nadie puede esperar ganar con cada compra en la bolsa de valores. Sin embargo, si usted encuentra que está involucrado en varias de estas instancias, debe reconsiderar seriamente sus opciones de inversión. Usted puede estar leyendo las señales incorrectamente, o podría estar escogiendo acciones malas. Usted debe buscar asesoramiento para cualquier inversión futura que espere hacer antes de comprar más acciones o valores.

Otra manera de revertir una mala inversión como ésta es proceder con una transacción de compensación - una compra o venta que compensa la pérdida de una transacción anterior. Usted podría comprar acciones adicionales en la misma compañía al precio más bajo si espera que se recupere, o puede optar por otro producto básico caliente que está a punto de explotar en precio, cualquiera de los cuales le ayudará a compensar su pérdida. También puede vender acciones de un valor en el que tenga una gran cantidad de ganancias no realizadas -ganancias que no pueden medirse en activos líquidos o en efectivo debido al aumento del valor de las acciones y de las tenencias de valores- con el fin de reemplazar el valor en efectivo perdido.

Todas estas son opciones viables para recuperar una pérdida, pero esperar a que el valor de la acción se recupere es siempre la primera opción. Evita la pérdida de fondos ya invertidos, mantiene la opción de obtener beneficios y reduce el riesgo de nuevas inversiones en el mercado.

A medida que crezca y aprenda acerca de estas diversas opciones, necesitará sentirse más cómodo cuando esté rodeado de gurús y gurús financieros que hablen lo que suena como un galimatías, murmurando palabras que nunca ha escuchado a diestra y siniestra. El siguiente capítulo le guiará a través de algunos de los significados de las principales palabras de moda utilizadas en el mercado de valores y en el distrito financiero internacional.

Capítulo 9: Palabras de moda

Ahora que sabe un poco más sobre el mercado de valores, y que ha decidido probar su mano en la inversión, debería estar más preocupado por entender la jerga que escuchará en el salón de operaciones. Aunque probablemente no se encontrará en medio de un grupo de corredores de bolsa que gritan en Wall Street (y en estos días, la mayor parte de las operaciones se hacen por computadora de todos modos), sabiendo que aprender a hablar es parte de caminar el camino.

Márgenes, Pastas para untar y otros condimentos

Vale, son márgenes, no margarinas, pero suena muy parecido. Para entender el mercado de valores, especialmente en Forex, usted necesita hablar no un idioma destinado a la comunicación común, sino el idioma del comercio. Por ejemplo, cuando se piensa en un margen, para muchos esto significa una variable, como el "margen de error" de una estadística.

Sin embargo, en el comercio, se refiere a la suma de dinero prestada de un corredor para comprar acciones cuando el mercado está en tendencia a la baja. Luego, cuando el valor comienza su siguiente alza, usted vende las acciones al precio más alto, devuelve el margen (junto con la prima acumulada) y retiene la ganancia.

Cuando usted compra con margen, el dinero prestado por el corredor de bolsa se denomina cuenta de margen. La cuenta de margen es provisional basada en el valor de las acciones. Ocasionalmente, si el valor de las acciones compradas cae demasiado bajo para el margen de seguridad establecido por el corredor, el agente solicitará que se deposite más dinero en la cuenta de margen para compensar la pérdida. Esto se denomina ajuste de márgenes.

En algunas operaciones, el valor de mercado no entra en juego. Por ejemplo, una operación a plazo se establece entre dos personas o dos empresas fuera del mercado abierto. Implica un proceso de negociación y un eventual compromiso de precio. Por lo general, se hace una oferta -la oferta para comprar una materia prima a un precio determinado- y un precio vendedor u oferta - el precio por el que la otra entidad comercial está dispuesta a vender los valores u otras tenencias. La diferencia entre estos dos números de compra se denomina spread.

Si el diferencial no puede reducirse y finalmente cerrarse, no se puede llegar a ningún acuerdo. Este precio acordado se denomina precio forward, y todos los detalles que intervienen en el proceso comercial cuando tiene lugar este tipo de transacción se detallan en un contrato y se denominan puntos forward. Por lo general, el precio a plazo se indica como disponible para una fecha en particular, y si la transacción no se completa en esa fecha (a la que se hace referencia como la fecha de la transacción), entonces la operación debe ser renegociada.

Intermediarios, astilleros y otros términos británicos

Uno de los principales mercados extranjeros que los estadounidenses que comercian en Forex encontrarán es el de los británicos. Mientras que otros términos relacionados con el mercado de valores serán similares debido al lenguaje común, hay algunos términos específicos que son muy diferentes en el vocabulario comercial británico.

Por ejemplo, en los Estados Unidos, los corredores de bolsa que retienen valores comprados a precios bajos con el propósito de venderlos a clientes en un mercado con precios más altos (para que el cliente pueda

darse la vuelta y revenderlos para obtener ganancias en el mercado abierto) son llamados creadores de mercado. Sin embargo, en Gran Bretaña, a este tipo de inversor se le llama simplemente "jobber".

Otro término con el que querrá familiarizarse es "yard". Esto no se refiere a una mancha verde de tierra, una medida en pulgadas, o incluso 36 de algo. El término se utiliza en referencia a la cantidad de moneda en lugar de su valor y equivale a un millón de unidades de la moneda en cuestión. En otras palabras, usted puede tener una yarda de dólares o una yarda de yenes, y aunque es la misma cantidad de billetes, monedas, o cualquier otra moneda física que se utilice, no es necesariamente equivalente en valor.

En Gran Bretaña, no utilizan el euro, y no

utilizan el dólar estadounidense. Han decidido seguir utilizando la libra esterlina, una moneda que se ha utilizado en el país durante cientos de años. Sin embargo, Gran Bretaña se encuentra actualmente en el camino de hacer la conversión al euro dentro de los próximos cinco años.

Abrir y cerrar

En el mercado de valores, hay varios tipos de órdenes que pueden ser colocadas para ayudar a protegerlo de hacer una mala inversión o para limitar la cantidad que usted paga por un cierto valor u otra mercancía. Por ejemplo, si ha hecho una mala inversión y no quiere reinvertir en un valor en particular, debe vender todas las acciones de ese título, independientemente de que haya sufrido una pequeña pérdida. Esta acción se conoce como cerrar una posición. Por el contrario, si le va bien con su inversión, podría participar en una reinversión, simplemente reinvirtiendo las ganancias en acciones o valores adicionales.

Una orden abierta es exactamente lo que parece, lo que significa que la orden permanece pendiente hasta que sea ejecutada por su corredor de bolsa o cancelada por usted como cliente. Una orden de suspensión cancelaría cualquier orden pendiente que usted haya colocado con su corredor de bolsa. También tiene opciones como Una Cancela las Otras Órdenes. Estos le permiten tener interés en varias materias primas, dejando las órdenes a su corredor de bolsa para que las compre todas, en caso de que bajen a un precio determinado. Entonces, si uno de ellos alcanza este precio bajo preestablecido, su corredor de bolsa seguirá su dirección e invertirá su dinero en ese valor en particular, seguido de una cancelación de todas las órdenes adicionales.

Cuando un corredor le da una estimación del precio de una acción o producto en particular, se considera una cotización. Una cotización nunca es completamente exacta y normalmente se denomina precio al contado, ya que el valor de un valor puede cambiar en pocos segundos. Sin embargo, es lo más exacto que se puede esperar. Cuando usted pone una orden, el corredor entonces procesa la ejecución, o terminación, de esa orden. El valor real al que se completa la operación se denomina precio de ejecución. La finalización de una operación o compra, denominada liquidación, también puede denominarse ejecución de una transacción o realización de una orden. Como puede ver, hay muchos términos que hay que tener en

cuenta, y ni siquiera hemos empezado a considerar los términos utilizados en algunas de las áreas más difíciles del mercado.

A continuación, consideraremos algunas opciones comerciales especializadas y más complejas que puede utilizar en Forex para aprovechar la volatilidad del mercado y la constante variación de los tipos de cambio.

Capítulo 10: Opciones de negociación para expertos

Después de pasar mucho tiempo comprando y operando tanto en el mercado nacional como en el extranjero, verá que el proceso se vuelve más fácil y casi intuitivo. Ya no tiene que trabajar tan duro para determinar la conversión de divisas o encontrar el siguiente producto explosivo de gran tamaño. Será como una segunda naturaleza para ti.

Entonces, ¿cuál es el próximo gran desafío para alguien que opera en el mercado abierto? ¿Qué impide que las cosas se vuelvan monótonas y aburridas? En primer lugar, siempre hay algo nuevo y diferente sucediendo en el Mercado de Divisas.

Recuerde, funciona las 24 horas del día, y usted nunca sabe lo que encontrará cuando se despierte por la mañana. Sin embargo, hay varias maneras de aprovechar la variación en la conversión de divisas y el desfase temporal entre los mercados que puede afectar a los valores comerciales.

Arbitraje

Hay algunas materias primas que se negocian en múltiples monedas en múltiples mercados en Forex. A pesar de que las computadoras han hecho que la comunicación a nivel mundial sea casi tan rápida como un rayo en estos días, todos estos mercados pueden operar juntos con valores bastante equivalentes para los valores compartidos entre las distintas divisas.

Sin embargo, el sistema no es perfecto, y el valor puede subir o bajar en un país y en una moneda antes de que el mismo cambio de valor llegue a través de otra frontera. Los operadores experimentados han aprendido a aprovechar este rezago en la tendencia del mercado utilizando un proceso llamado arbitraje. En esta transacción, usted compra la acción o valor en particular en el mercado con el precio más bajo mientras que simultáneamente vende el mismo en un mercado donde el valor es más alto. El proceso es un poco complejo, así que usaremos un ejemplo. Digamos que un dólar estadounidense equivale a 0,5 libras esterlinas, lo que significa que todo va a ser el doble de caro en libras esterlinas.

Ahora, echemos un vistazo al precio de una

acción que se negocia en ambos mercados. Si fueran equivalentes, entonces las acciones se comerciarían por dos dólares en los Estados Unidos y una libra en Gran Bretaña. Sin embargo, si algo sucede y el valor de las acciones cae en Gran Bretaña, es seis horas por delante de los Estados Unidos, y es posible que esta caída no afecte al mercado estadounidense de inmediato.

Si el valor de las acciones cae en Gran Bretaña a 0,8 libras, el precio de compra está ahora por debajo del precio en dólares debido a la conversión de divisas. En este caso, el arbitraje tendría lugar cuando se compran acciones en el mercado británico en libras y se venden en el mercado estadounidense en dólares, beneficiándose de la lenta comunicación de la caída del valor de las acciones. En efecto, usted ganará $.40 por acción.

BIBLIA FOREX

Volatilidad de la conversión de moneda

Otra forma de aprovechar el valor cambiante de cada moneda individual es operar sobre la base de las tasas de cambio. ¿En qué consiste exactamente? Debe observar atentamente las tasas de conversión cambiantes. Cuando una tasa de conversión de moneda cambia drásticamente, es el momento de hacer un cambio. Esto es muy similar al arbitraje, pero el área es mucho más riesgosa debido a la alta volatilidad. Por ejemplo, si usted ha comprado una acción en el escenario anterior en el mercado estadounidense a dos dólares la acción, y de repente la libra esterlina gana valor, cayendo a una conversión de sólo media libra por cada dos dólares, usted querría vender sus acciones en el mercado británico porque el valor de una libra es mayor y ahora tiene mayor poder adquisitivo.

Un consejo a tener en cuenta, sin embargo, es que es mejor disponer inmediatamente de todos los activos líquidos en moneda extranjera, generalmente en el mismo día. A esto se le llama mañana porque se necesitan de dos a tres días hábiles para que la moneda extranjera sea entregada, y al cambiar la moneda por el valor de las acciones en el mismo día hábil, usted evita tener que recibir la entrega de la moneda en su totalidad.

Capítulo 11: Otras Opciones de Negociación

Además de las opciones expertas descritas anteriormente, existen otras formas no tradicionales de ganar dinero en el mercado de valores. Sin embargo, al considerar estas opciones, usted debe considerar hacer una carrera de comercio de acciones y valores. Algunos tipos de operaciones simplemente no son para los débiles de corazón, y eso significa que usted debe tener una motivación completa y un espíritu aventurero para participar en estas áreas del mercado. Las posibilidades de recibir un golpe gigante y experimentar una gran pérdida se multiplican.

 BIBLIA FOREX

Day Trading

Los operadores diarios asumen algunos de los mayores riesgos del mercado. Debido a que los comerciantes de día trabajan con inversiones que cambian drásticamente en cuestión de horas, por naturaleza están jugando en la guarida del león. Estas acciones son extremadamente volátiles, y para la mayoría, el comercio diario es una forma rápida de perder una gran cantidad de dinero. Es difícil hacer una gran cantidad de dinero en efectivo de esta manera, y es aún más difícil de predecir el resultado de estas opciones de acciones de comercio diario. Usted no puede estar seguro de la posición de un día para otro (el valor neto al que un corredor de bolsa o un operador de día abrirá la mañana siguiente).

Y en Forex, hay poco espacio para el comercio diario, ya que el mercado nunca se cierra durante la semana laboral. En estos casos, el operador diurno tiene que fijar un límite de tiempo para salir, vendiendo todas las acciones, de modo que pueda dormir tranquilo mientras el mundo da vueltas y comienza el día siguiente de nuevo.

El Day Trading es muy peligroso y no se recomienda a los recién llegados. De hecho, no es realmente recomendable en absoluto, y la mayoría de las personas que participan de esta parte volátil de la industria son muy experimentados en el comercio en el mercado abierto, no consideran los factores de riesgo con suficiente cuidado antes de entrar en esta rama del mercado, o tienen suficiente dinero que simplemente desean probar esta forma de inversión y no les importa si pierden una buena suma.

Mercados secundarios

Los mercados secundarios son interesantes porque son creados por el gobierno para ayudar a redistribuir el dinero que se utiliza para los préstamos. Fannie Mae y Freddie Mac son dos de las principales corporaciones a las que se les compran acciones en un mercado secundario.

Así es como funciona. Cuando una persona compra una casa, solicita un préstamo del banco, generalmente por un ochenta por ciento del costo de la casa. Esto se concede, y la casa es comprada por el banco para el individuo o la familia, que comienza a pagar el préstamo al banco.

Mientras tanto, para asegurar que el dinero esté disponible en ese banco para la próxima persona que necesite un préstamo hipotecario, Fannie Mae o Freddie Mac, dos entidades establecidas originalmente por el gobierno de los Estados Unidos, comprarán el préstamo del banco. Por lo tanto, el dinero se devuelve al banco para su uso en el futuro.

¿Qué hacen estas agencias con el déficit que han adquirido? Lo venden. En el mercado secundario, dividen el préstamo en acciones que están respaldadas por la propia hipoteca y venden esas acciones, recuperando el dinero de los inversores. Eventualmente, esos valores maduran, probablemente al mismo tiempo que el préstamo original es pagado al banco, y los inversionistas cosechan los beneficios de su inversión con los intereses ganados.

Otra forma de aprovechar la volatilidad del mercado bursátil internacional es hacer un canje. Es el intercambio de valores o bonos con el fin de aprovechar las tasas de interés más bajas. Por ejemplo, si una entidad comercial en Gran Bretaña está en posesión de un valor, y otra en Japón está en posesión de un valor diferente, las dos materias primas pueden ser comercializadas o vendidas entre sí con el fin de ahorrar en los tipos de interés, si el bono o el valor actualmente poseído se mantiene a un tipo de interés más bajo en el mercado contrario.

Por ejemplo, digamos que una empresa está en posesión de un bono "A" que paga sólo el dos por ciento de interés en su mercado actual, y otra que mantiene bonos "B" en su mercado al tres por ciento de interés. Si el bono A está pagando realmente el tres por ciento en el mercado extranjero, y el bono B puede ser cobrado por el cuatro por ciento en el primer mercado, ambas partes pueden ganar más dinero en un intercambio de bonos. Pueden beneficiarse mutuamente de una venta de los valores entre sí debido a una ganancia de más interés.

Si eso parece confuso, entonces tal vez no haya un intercambio en su futuro cercano. Esto se procesa más a menudo entre empresas en el mercado extranjero que entre partes individuales, aunque con el corredor correcto, podría lograrse. Sin embargo, si usted trabaja en el trato, necesita saber poco, excepto que está buscando un margen de ganancia más alto que antes, y su corredor se encargará del resto.

Si usted determina que debe tener opciones de acciones como negocio, probablemente decidirá contratar a un consultor de tiempo completo para todas sus necesidades financieras, incluyendo el manejo de sus tenencias de acciones. De hecho, cuando las empresas son lo suficientemente grandes y presentan una presencia comercial lo suficientemente fuerte dentro del mercado, especialmente en Forex, usted encontrará que hay departamentos enteros dedicados al mantenimiento de las opciones de acciones.

BIBLIA FOREX

Capítulo 12: En Revisión

Después de palear a través de montones de información y asimilar tanto conocimiento, probablemente sientas que estás nadando en terminología y no puedes recordar por dónde empezar. La mejor manera de retener el conocimiento es a través de la repetición, y tener una guía de referencia rápida tampoco es una mala idea. Las siguientes páginas son un breve resumen de las discusiones en profundidad de este libro, lo que le permite hacer referencia rápidamente a un tema en un encuadernado.

El Comercio Básico

Una acción es una participación en una empresa cuyo valor varía en función del deseo o la necesidad de los bienes o servicios de esa empresa en particular. Como accionista, su patrimonio neto aumenta y disminuye al tomar una posición corta (venta) cuando los valores son altos y una posición larga (compra) cuando los precios son bajos. Mientras las acciones o el valor estén en su posesión, el cambio en el valor se considera una ganancia o pérdida no realizada porque no se puede medir en activos líquidos (efectivo).

Cuando la mayoría de las materias primas que se negocian en el mercado tienen una fuerte tendencia alcista durante un período de tiempo, esto se denomina mercado alcista.

En caso de que el valor tome una fuerte tendencia bajista y continúe en ese camino, se le llama mercado bajista. Si no se reconoce tal tendencia, y el valor de las acciones y los valores es bastante parejo, esto se denomina plano.

El mercado de divisas

El mercado de divisas es la bolsa de valores en la que varios países de diferentes zonas horarias comercian con sus materias primas nacionales e internacionales en varias monedas. La moneda es la denominación o división monetaria utilizada en un terreno en particular (como el dólar estadounidense o el euro). Cuando se utilizan monedas múltiples, se expresan típicamente como una relación llamada tasa cruzada que muestra la cantidad de una segunda moneda que es equivalente a la primera que aparece en la lista. La determinación de cuál es el equivalente se conoce como conversión de moneda.

Varios países en Europa, que ahora han consolidado sus monedas para acordar el comercio del Euro (desde 1999) en Forex, como se llama para abreviar. Gran Bretaña, que hasta ahora ha optado por seguir utilizando la libra esterlina, también participa en el comercio internacional, así como Estados Unidos, Japón y Australia. Cada uno de estos países utiliza su propia moneda para fines comerciales estándar, con opciones de inversión en divisas extranjeras. La determinación de si esto vale la pena o no depende del tipo de conversión de moneda.

El valor de la moneda de una nación es

determinado por su gobierno y su banco federal (la Reserva Federal, más conocida como FED, es el banco federal de los Estados Unidos). El cambio intencional en la tasa de conversión por parte de un gobierno se conoce como valoración - la devaluación está tomando valor y fuerza de la moneda, y la revaluación añade fuerza y poder adquisitivo a la moneda. Si el mismo cambio en la tasa de conversión ocurre naturalmente a través de eventos y la volatilidad del mercado, entonces se le llama apreciación y depreciación.

Carreras en el mercado

Sin la ayuda de profesionales, es casi imposible operar en el mercado abierto. Los analistas de mercado hacen un seguimiento de las tendencias del mercado bursátil que afectan al valor de las tenencias de acciones. Utilizan esa información y esa historia básica para ayudar a predecir el resultado de diferentes aspectos del mercado en el futuro.

Otros individuos, conocidos como chartistas, crean diagramas y gráficos que interpretan todos los datos -varios números, estadísticas, porcentajes, etc.- en un gráfico de velas fácil de leer que rastrea las tendencias de productos específicos en el mercado.

Un corredor de bolsa es un individuo o una compañía que le ayuda a hacer sus inversiones. Un corredor de bolsa puede ayudarlo a tomar decisiones financieras inteligentes, ayudarlo a rastrear sus órdenes y a colocarlas, y a seguir las tendencias del mercado.

Un creador de mercado hace el mismo trabajo que un corredor de bolsa, con la excepción de que este individuo o compañía retiene una inversión en una variedad particular de valores y bonos que pueden ser vendidos en corto a un cliente por un precio más bajo para que el cliente pueda ganar dinero vendiendo inmediatamente las mismas acciones al precio de mercado más alto.

Otros individuos pueden ayudar con préstamos, permitiéndole comprar con margen. Esto implica el enfoque opuesto: pedir dinero prestado para comprar una acción o un valor que tenga un valor de mercado bajo, de modo que el cliente pueda luego revender la mercancía a un precio más alto.

Protegiendo sus inversiones

Hay varias maneras de proteger sus inversiones. Al colocar órdenes limitadas, usted garantiza de la mejor manera posible que no perderá dinero en el mercado y prácticamente garantiza al menos una ganancia mínima. Sin embargo, si usted cambia de opinión acerca de esos límites, siempre puede colocar una orden de suspensión. Si deja instrucciones permanentes con su corredor de bolsa, se denominan órdenes abiertas que permanecen abiertas hasta que se ejecuta la transacción y se ejecuta la orden.

Intente establecer sus órdenes límite justo por encima de los niveles de soporte (los niveles más bajos de valor a los que puede llegar una acción) y justo por debajo del nivel de resistencia (el nivel superior por encima del cual es difícil que el valor de una acción suba).

También, fije una fecha de valor - una fecha en la cual usted puede tomar un promedio del valor de un producto en particular y revisar sus opciones. Esto debe ser revisado por lo menos cada seis meses, si usted planea retener cualquier tenencia de un valor en particular.

Capítulo 13: Una opción final

Aunque el "Capítulo 13" no es una manera apropiada de terminar un esfuerzo financiero, es, en este caso, una de las conclusiones más importantes de una herramienta increíblemente útil llena de consejos de inversión, especialmente cuando se coloca al final de un libro para ofrecer asistencia a aquellos que están amenazados de bancarrota debido a malas decisiones de inversión. Siempre hay maneras de dar la vuelta cuando has comenzado a caminar por el camino equivocado. Al igual que seguir adelante con un coche nuevo después de comprar un limón que no ha sido más que una pesadilla, usted puede invertir la dirección.

Algunas personas pueden pasar días, meses e incluso años tratando de conquistar el mercado de valores y aún así fracasar. En algunos casos, es virtualmente imposible que un individuo llegue a dominar la funcionalidad del mercado. Si no puede seguir las tendencias del mercado, entonces es mejor que no tome ninguna decisión de inversión.

Está bien no encajar en el mercado. Al mismo tiempo, usted todavía puede ganar dinero con las inversiones. Una última opción es crear una cuenta discrecional. Esto significa que usted firma un contrato con su agente de bolsa y entrega una suma de dinero al agente para que realice la inversión, dejando la determinación de la colocación de esa inversión en manos de su agente. Nunca más tendrá que preocuparse de haber hecho una mala inversión. De hecho, en este escenario, usted ni siquiera tiene que seguir las tendencias del mercado u otra información que tenga que ver con la inversión financiera. Su corredor simplemente le hará saber cuando haya aumentado su patrimonio neto o si sus activos han caído en picado.

Cualquiera que sea la elección que usted haga con respecto a la mudanza en el mercado de valores, no tiene que preocuparse de no tener la información esencial que le ayude a superar sus primeras experiencias de operación. Ahora, usted tiene el conocimiento básico y la guía de referencia esencial para comenzar el camino hacia el éxito y la riqueza a la que puede acceder en cualquier momento.

Visita nuestra página de autores en Amazon! ¡Y consigue más MENTES LIBRES!

http://amazon.com/author/menteslibres

Si lo deseas, puedes dejar tu comentario sobre este libro haciendo clic en el siguiente enlace para que podamos seguir creciendo! ¡Muchas gracias por tu compra!

https://www.amazon.com/dp/B081XHBLHX

www.ingramcontent.com/pod-product-compliance
Lightning Source LLC
Chambersburg PA
CBHW070655220526
45466CB00001B/454